Christa Möller

Figuren für die Weihnachtszeit

aus Tonkarton

frech-verlag

ISBN 3-7724-1383-8 · Best.-Nr. 1383 · © 1990 by Frech

1. 2. 3. 4. 5. Auflage
Erste Zahl maßgebend

frech-verlag

Jahr: 1994 93 92 91 90
Letzte Zahl maßgebend

Printed in Western Germany · Druck: Frech, Stuttgart-Weilimdorf

Liebe Bastelfreunde

In diesem Weihnachtsbuch finden Sie wieder viele neue Ideen. Ich habe einen neuartigen Schneemann mit seinem kleinen Freund, Tiere des Waldes und natürlich Engel gebastelt.

Die Teddybär-Familie und die neuen Krippenfiguren eignen sich besonders gut, im Familien- oder Gruppenkreis nachgearbeitet zu werden. Die Schwierigkeitsgrade sind so unterschiedlich, daß sich alle, auch die ganz Kleinen, beteiligen können.

Am Schluß des Buches finden Sie ein einfaches Mobile und einige Figuren für Fenster und Wand, die vor allem durch ihre Farbzusammenstellung reizvoll sind und zum Nacharbeiten anregen.

Ich wünsche Ihnen viel Freude beim Basteln in der Advents- und Weihnachtszeit!

Ihre Christa Möller

So werden die Figuren hergestellt

Material

Tonkarton in vielen Farben
Tonpapier in vielen Farben
Zeichenkarton und Schreibpapier weiß
Leichte Graupappe
Geschenkpapier, gemustert
Transparentpapier
Tortenspitze rechteckig, oval
Goldpapier
kleine Goldsternchen
rote Holzperlen
leere Konservendose
Plastikblumentopf, -körbchen
spitze, scharfe Schere
Stick- oder Silhouettenschere
Filzstifte
Tuscheschreiber (Finograph)
Bleistift, weich, Radiergummi
UHU extra für die Figuren
UHU flinke Flasche für größere Flächen

Erstellen des Musters nach dem Vorlagenbogen

Sie können das Muster vom Vorlagenbogen durchpausen. Am besten legen Sie jedoch Transparentpapier oder Butterbrotpapier darüber und ziehen mit einem weichen Bleistift die Linien nach. Entweder legen Sie dann das ausgeschnittene Muster auf das Tonpapier und umfahren es leicht mit dem Bleistift, oder Sie legen das Tonpapier unter das Muster und schneiden beides zusammen aus. Das geht besonders gut bei kleineren Teilen. Wenn Sie ein Muster mehrfach benötigen, so schneiden Sie sich eine Schablone aus dünner Graupappe.

Figuren aus Viertelkreisen – Tütenfiguren –

Einige Figuren haben Köpfe mit dem Gesicht im Profil – das ist Modell A.
Bei anderen Figuren sehen Sie das Gesicht von vorne – das ist Modell B.

Ausnahme: die Sternsinger! Sie sind Modell A mit Köpfen in Frontalansicht.

Herstellung der Figur Modell A (Profilgesicht)

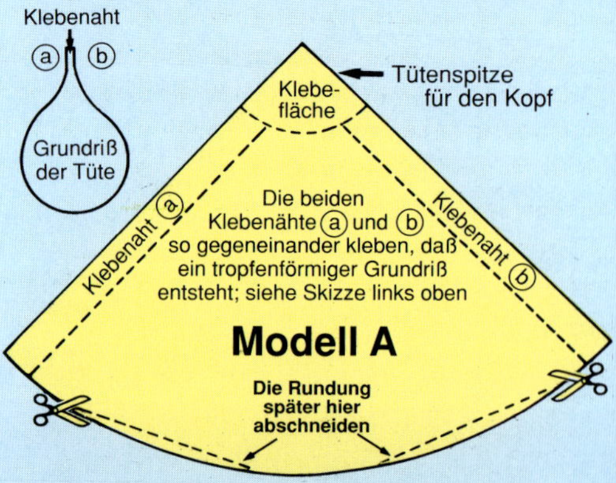

Beide Halbmesserkanten des Viertelkreises werden ca. 1,5 cm breit mit UHU extra bestrichen, auch die Fläche, auf die oben später der Kopf geklebt wird.

Drücken Sie dann beide Halbmesserkanten und die Tütenspitze längere Zeit fest zusammen. Es entsteht eine Tüte, die unten etwas gerundet ist. Schneiden Sie später an beiden Seiten diese Rundungen (ca. 2 mm) ab, damit die Tüte auf einem graden Stück steht.

Herstellung der Figur B (Frontalgesicht)

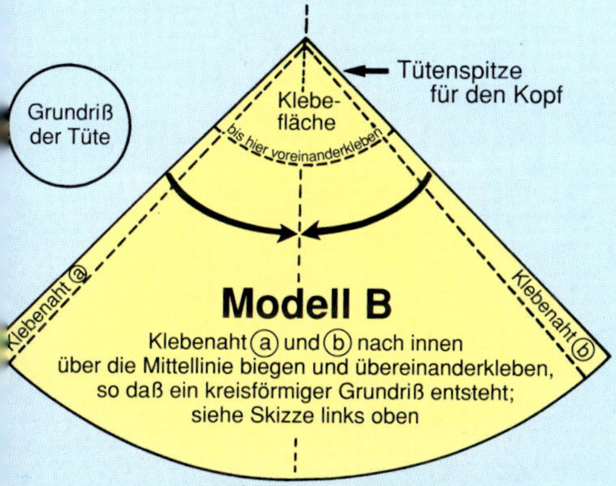

Biegen Sie zuerst mehrfach beide Halbmesserkanten aufeinander zu, damit die Spannung aus dem Papier geht. Kleben Sie dann die Halbmesser von der Spitze aus ca. 2 cm weit übereinander. Kleben Sie nun allmählich die Kanten breiter übereinander. Beginnen Sie mit 2 mm und vergrößern Sie die Klebefläche bis 7 mm am unteren Rand. Die Klebelinie verläuft von der Spitze zum unteren Rand schräg.
Auch bei diesem Modell wird die Spitze fest zusammengefügt, damit später der Kopf aufgeklebt werden kann.

Das Aufkleben der Köpfe

Die Köpfe werden bei beiden Modellen deckungsgleich von vorn und hinten auf die Spitze der Grundfigur geklebt. Die Spitze reicht bis zur Mitte des Kopfes. Auf dem Kopf wird dann – auch deckungsgleich – die Frisur befestigt.

Achten Sie bei den Figuren auch auf die Stellung des Kopfes (siehe jeweiliges Foto!) Ein Kopf kann geneigt (Nikolaus mit Teddy) oder auch geradeaus gerichtet sein.

Standfestigkeit der Figuren

Wenn die Figuren fertig sind, können sie vorsichtig mit Toilettenpapier ausgestopft werden. Nehmen Sie zunächst nur ein dünnes Blatt und schieben Sie es in die Spitze. Stopfen Sie mit einem Bleistift nach. Je weiter Sie nach unten kommen, umso mehr Papier können Sie hineinstopfen. Drücken Sie auch etwas UHU Alleskleber dazwischen. Beenden Sie die Papierfüllung 1 cm vom unteren Rand entfernt.
Durch das Ausstopfen bekommen die Figuren mehr Gewicht, sie stehen besser und sind unempfindlicher gegen Druck von außen.

Familie Teddybär feiert Weihnachten

Beachten Sie bitte die beiden verschiedenen Modelle:
A mit Profilgesicht
B mit Frontalgesicht

Mutter Teddybär hat die selbstgestickte Weihnachtsdecke auf den Gabentisch gelegt. Der Weihnachtsbaum erstrahlt, und die Geschenke liegen bereit. Was mag wohl in den Paketen sein?

So entsteht die Familie Teddybär

Mutter Teddybär

Material:
Tonpapier rot für den Körper, Tonpapier beige für Arme und Kopf, Schreibpapier, Dekopapier, Goldfolie und Tortenspitze oval

Der Körper hat die Klebenaht hinten (Modell B). Kleben Sie zunächst den Kopf von beiden Seiten, den Kragen und die Schürze auf. Beide Arme bekommen erst Ärmel und Aufschläge, dann werden sie mit einem Klebepunkt am Körper befestigt.

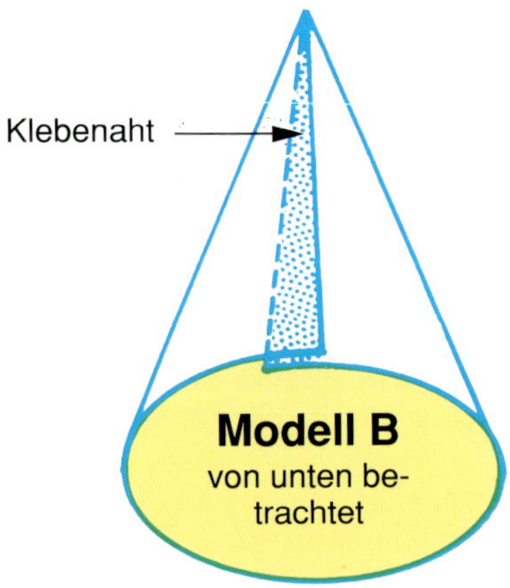

Teddymädchen

Material:
Tonpapier beige für Körper, Kopf und beide Arme, Geschenkpapier für die Kleidchen, Schreibpapier für den Kragen

Kleben Sie zuerst die Köpfe auf den Körper (Modell B). Mit einem Klebepunkt die Arme auf den Rücken fixieren. Befestigen Sie anschließend vorn und hinten die Kleidchen aus nicht unterklebtem Geschenkpapier. Zuletzt die Arme etwas nach vorn biegen.

Vater Teddybär

Material:
Tonpapier beige für Körper, Kopf und Arme, Tonpapier rot, grau und schwarz, Goldfolie, Geschenkpapier

Der Körper hat die Klebenaht an der Seite (Modell A). Kleben Sie zunächst das vordere Kopfteil auf, dahinter Zunge und Pfeife. Fixieren Sie dann die andere Kopfhälfte.
Bekleben Sie vor dem Befestigen die Jackenaufschläge mit Geschenkpapier.

Der Kragen liegt über der grauen Jacke. Die rote Weste von vorn unterkleben. Achten Sie auf die unterschiedlichen Arme! Die Pfeife wird an die Innenfläche der rechten Pfote geklebt.

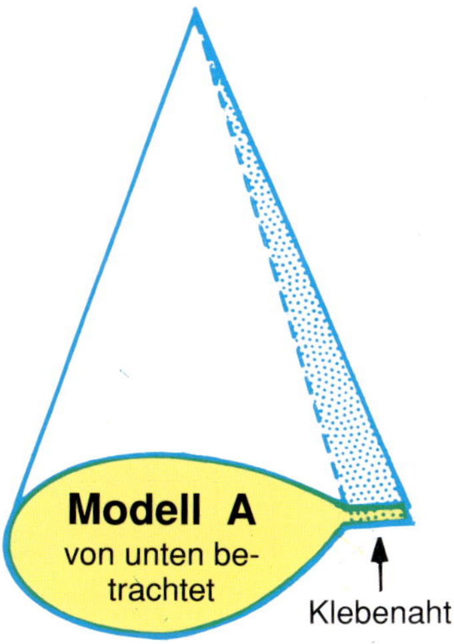

Teddyjunge

Material:
Tonpapier gelb für den Körper, Tonpapier rot und schwarz, beige für Kopf und Arme, Geschenkpapier, Schreibpapier

Der Körper wird aus gelbem Tonpapier gefertigt, Modell A. Kleben Sie auch hier die Zunge zwischen die beiden Kopfteile. Befestigen Sie dann die Kleiderhälften, darüber die Arme.

Tannenbaum

Material:
Tonpapier rot, gelb, grün, weiß; Goldfolie, Goldsternchen

Schneiden Sie den Baum viermal vom Mittelfalz aus. Kleben Sie die Knicke auf einen ca. 3 mm breiten Streifen aus Tonpapier, jeweils zwei Baumteile gegeneinander.
Kleben Sie erst die roten Kugeln an. Die Kerzen werden zusammengeklebt und am Baum angebracht.

Gabentisch und Paketchen

Abb. siehe Seite 7

Material:
Medizinschachteln, Tonpapier, Geschenkpapier und Dekoband

Paketchen
Kleben Sie die Schachteln unten auf einer Seite zu. Stopfen Sie kleingerissenes Zeitungspapier hinein und verkleben Sie oben. Wickeln Sie die kleinen Pakete wie ein Postpaket in Geschenkpapier ein und kleben Sie das Papier fest.
In zwei Päckchen sind Schraubverschlüsse verarbeitet.

Gabentisch
Kleben Sie Ihren „Gabentisch" nach dem Ausstopfen mit Zeitung auf ein Stück Tonpapier. Es muß an allen Seiten ca. 3 cm breiter sein. Schneiden Sie dann das Papier auf die Tischecken zu ein, knikken Sie es um und kleben Sie es fest! Zuletzt wird noch ein Streifen Tonpapier rundherum geklebt. Messen Sie vorher Länge und Breite!

Tischtuch

Abb. siehe Seite 7

Material:
Schreibpapier, Finograph, Bleistift, Filzstifte

Die Stickerei mit einem Bleistift dünn aufzeichnen, mit dem Tuschestift nachziehen und mit Filzstiften übermalen.

Weihnachtsmann mit Teddybär

Der Weihnachtsmann wollte schon zu seinem Schlitten gehen, da ist schnell noch der Teddy auf den Sack gesprungen.

Material:
Tonpapier rot, hell- und dunkelbraun, beige, grün; Schreibpapier weiß

Der Körper ist aus rotem Tonpapier – Modell A. Der braune Mantelsaum wird vor dem Zukleben der Seitennaht befestigt. Kleben Sie dann den etwas geneigten Kopf, die Mütze und den Bart (Schreibpapier doppelt) an. Der Sack ist doppelt ausgeschnitten. Er wird also vorn und hinten aufgeklebt. Der Teddy wird hinter dem Sack befestigt. Kleben Sie den Nikolausarm so an, daß er den Sack greifen kann.

Tanne

Die Tanne besteht aus zwei gefalteten Teilen, die mit dem Knick auf einen Streifen Karton geklebt werden. Unten den braunen Stamm anbringen. Kleben Sie den Handschuh hinter die Tanne!

Die Tanne wird aus einem Faltschnitt hergestellt, siehe Zeichnung unten.

Engel mit Trompete (a) – Engel mit Flöte (b)

Material a):
Tonpapier hellblau, beige, braun, gelb
Goldfolie
Geschenkpapier

Material b):
Tonpapier grau, beige
Schreibpapier doppelt,
Geschenkpapier,
Goldsternchen

Kleben Sie bei beiden Engeln das Geschenkpapier für den Körper auf Tonpapier. Kleben Sie dann den Grundkörper Modell A.

Anschließend werden die Köpfe mit den Frisuren angebracht.
Der Engel mit der Flöte hat den Kopf etwas geneigt. Dann werden die Flügel befestigt.
Fertigen Sie die Instrumente aus Tonpapier an, dann die Arme (doppelt) mit den Händen.
Legen Sie zum Ankleben der Instrumente und Arme die Engel hin. Flöte und Trompete müssen im Mund stekken. Kleben Sie die Arme so an, daß die Hände die Instrumente greifen. Der rechte Arm wird zuletzt befestigt.

Drei Sternsinger

In der Adventszeit ziehen viele Kinder von Haus zu Haus, singen ein Lied und bitten um eine milde Gabe.

Material:
Tonpapier schwarz, hell- und dunkelgrün, braun, beige, rot und gelb
Schreibpapier
Goldfolie
Tonkarton beige

Die Grundkörper sind Modell A, trotzdem werden die Köpfe mit Frontalansicht aufgeklebt. Die Frisuren sind vorn und hinten unterschiedlich geschnitten.

Kleben Sie bei zwei Sängern die Arme mit einem Klebepunkt auf den Rücken, darüber den Umhang.
Der Sternträger hat den Umhang zusätzlich vorn angeklebt, der Arm wird untergeschoben.

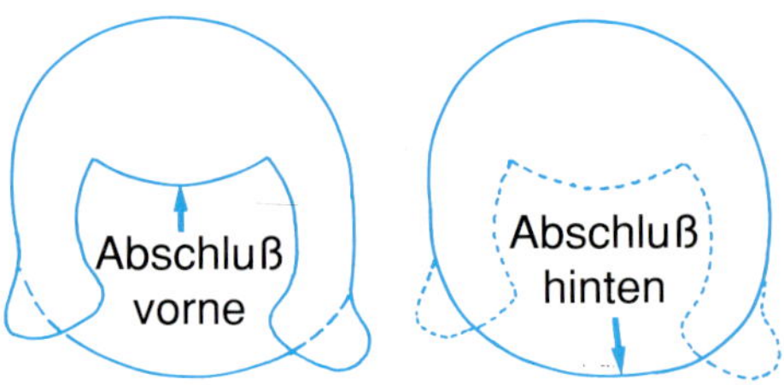

Beachten Sie bitte den unterschiedlichen Schnitt der Frisuren

Marktplatz im Schnee

Auf dem Marktplatz ist schon die Tanne aufgestellt, alles ist tief verschneit.

Material für Tannenbaum
Tonpapier grün und gelb
Schreibpapier, Goldfolie

Kleben Sie den Baum mit einer hinteren Klebenaht (siehe Modell B). Drücken Sie die Spitze nicht zu weit zu! Die Tannennadeln werden von oben nach unten auf Lücke geklebt – zuerst die weißen, dann die grünen. Ziehen Sie die angeschnittenen Streifchen vorher über die Klinge eines Küchenmessers.

Material für Giebelhäuschen
Tonpapier, Farbe nach Wahl
Graupappe, dünn, Schreibpapier

Die Häuschen sind aus Tonpapier geschnitten und werden im unteren Bereich mit leichter Graupappe hinterklebt. Auch Tonkarton eignet sich dafür.

Schnee, Fenster und Türen müssen mit einer Silhouettenschere als Faltenschnitt gearbeitet werden. Zum Hinstellen ein Kästchen mit kleinen Steinen hinterkleben oder alle Häuschen nebeneinander auf ein Stück Pappe kleben.

Schneemann mit Buntspecht

Der Buntspecht betrachtet voll Neugier den Schneemann – solch einen komischen Kerl hat er noch nie gesehen!

Material:
Zeichenkarton weiß
Tonpapier zwei Grüntöne, rot, schwarz und gelb
Geschenkpapier
Tonkarton braun

Kleben Sie den Körper aus weißem Karton nach Modell B. Darauf das Oberteil mit Bauch, Armen und Kopf befestigen. Kleben Sie dann Hut, Blume, Augen, Nase und den Vogel (doppelt) an. Der Schal ist aus doppelt geklebtem Geschenkpapier entstanden. Der Besenstil besteht aus Tonkarton. Kleben Sie auf beiden Seiten außen gelbe, innen grüne Borsten an.

Der Buntspecht – Modell A

Die Klebenaht befindet sich an der Seite. Kleben Sie jeweils einen schwarzen auf einen roten Flügel. Beim Schwanz noch weiße Federn zwischen den schwarzen anbringen.

Der erste Advent im Wald

Der kleine Nikolaus bringt mit seinem weißen Hirsch eine brennende Adventskerze in den Wald zu den Tieren.

Material:
Tonpapier rot, braun, rotbraun, dunkelbraun, grau, gelb, grün
Zeichenkarton weiß
Schreibpapier (doppelt geklebt).

Nikolaus

Der Nikolaus ist aus Tonpapier – Modell A. Kleben Sie die weißen Mantelverzierungen *vor* dem Zusammenkleben der Tüte auf! Dann Kopf, Bart und Hut anbringen. Alle weißen Teile sind vorher doppelt geklebt.

Tiere

Der Hirsch ist aus Zeichenkarton gefertigt. Beachten Sie, daß die Beine unterschiedlich sind. Die Teile werden nur bis zur Körpermitte zusammengeklebt und die Beine auseinandergebogen.
Die anderen Tiere bestehen aus je zwei Teilen Tonpapier, das innen mit einem stück Tonkarton verstärkt wird (nicht der Kopf!). Die kleinen Tiere nur bis zur Hälfte zusammenkleben und zum Hinstellen auseinanderbiegen. Beim Fuchsschwanz nur die obere Hälfte zusammenkleben.

Drei Faltschnitte – viele Möglichkeiten

Diese kleinen Figuren können auch problemlos von Kindern nachgearbeitet werden. Sie sind alle mit Hilfe von Faltschnitten aus Tonpapier entstanden. Wählen Sie die Farben, Formen und Verzierungen selbst aus!

Christkindlein mit Schlitten

Material:
Tonpapier hell- und dunkelrosa,
beige und gelb
Zeichenkarton weiß
Goldfolie
Goldsternchen
Goldband
Geschenkpapier

Christkind

Kleben Sie rosagemustertes Geschenkpapier auf Tonpapier für den Grundkörper (Modell A). Vor dem Zusammenkleben muß am unteren Rand die goldene Verzierung befestigt werden. Fixieren Sie dann den Kopf mit den Haaren, Ärmel mit Händchen und die Flügel auf dem Tütenkörper.

Schlitten

Kleben Sie rosa Tonpapier in der Form des Schlittens auf den Zeichenkarton. Das Weiß darf beim Ausschneiden etwas überstehen. Knicken Sie den Schlitten und kleben Sie unten und vorn an den Kufen die Streben ein.
Das Paket fertigen Sie wie bei der Teddy-Familie.
Schneiden Sie für Schlittenband und Stern die Hände am Daumen etwas ein!

Gestecke aus Tonpapier

Stechpalme mit Engelstecker

Material:
Körbchen
Steckmasse
Geschenkband
rote Holzperlen
Goldfolie
Tonkarton braun
Tonpapier grün

◁ Trockensteckmasse in das Körbchen legen. Schneiden Sie Blättchen und Stile (Tonkarton doppelt) in unterschiedlicher Größe aus. Einige Blättchen leicht einschneiden und beim Ankleben knicken.
Die Holzperlen ankleben. Die Zweige mit UHU Alleskleber in der Steckmasse befestigen.
Der Engel ist doppelt geschnitten (Faltschnitt) und wird nur am Knick aufgeklebt. (Siehe Zeichnung unten!)

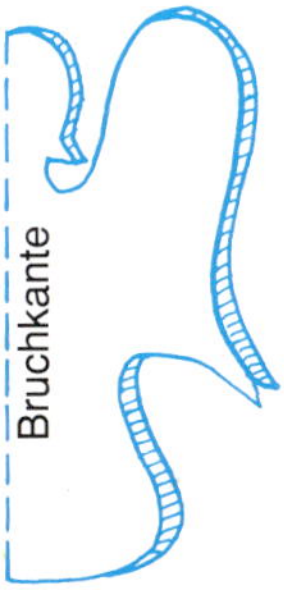

Weihnachtsstern im roten Spitzentöpfchen

Material:
Plastik-Blumentöpfchen
Tortenspitze, oval
Kreppapier rot
Tonkarton grün
Tonpapier rot, grün und gelb
Trockensteckmasse

Bekleben Sie zunächst den Topf mit Kreppapier und Tortenspitze und stecken Sie Trockensteckmasse hinein (nicht zu hoch an den Rand!).
Schneiden Sie Blätter, Knospe und zwei Blüten aus. Die Stiele sind aus doppeltem Tonkarton geschnitten. Kleben Sie zwei Blüten aufeinander und fixieren Sie innen mit dem Locher ausgestanzte, bunte Punkte. Biegen Sie die Blüte, bevor Sie sie an den Stiel kleben! Die Blätter vor und hinter dem Stiel befestigen. Die Blüte und die Knospe in den Topf stecken. Kleben Sie einige Blätter so, daß die Steckmasse verdeckt wird.

Engelchen auf dem Schaukelpferd

Material:
Zeichenkarton weiß
Schreibpapier
Tonpapier blau und beige
Geschenkpapier
Goldpapier, Goldsternchen
Perlgarn weiß

Kleben Sie den Pferdekopf zwischen zwei Halbkreise aus blauem Tonpapier. Der Engelskörper wird mit einer Hälfte an der Vorderseite befestigt, darüber das Kleid. Kleben Sie dann die Flügel an und an der Rückseite wieder Körper und Kleid. Die Haare entstehen aus Schreibpapier. Die Schnur aus Perlgarn drehen und zwischen die Hände kleben!

Engel – ein Geschenk-Behälter für süße Sachen … oder nette Kleinigkeiten

Material:
Leere Konservendose
Tortenspitze
Tonpapier in drei Blautönen
Tonkarton beige für den Kopf
Goldpapier
Schreibpapier
Zeichenkarton weiß

Der Engel besteht aus folgenden Teilen: Dose mit blauer Manschette und Spitze, Kleid, Ärmel mit Händen, Kopf mit Haaren, Flügel.

Kleben Sie zunächst eine Manschette aus Tonpapier um die Dose, vorn gegeneinander. Der obere Rand wird innen und außen mit Tortenspitze überklebt. Am oberen Innenrand wird ein streifen Tonpapier angebracht.
Fertigen Sie dann das Kleid, die Ärmel mit den Händen, die Flügel und den Kopf mit allen Verzierungen an. Die Haare sind mit Karton unterklebt.
Kleben Sie den Kopf von hinten an das Kleid und das Kleid auf die Dose. Die Ärmel werden nur mit einem dicken Klebepunkt fixiert, unten stehen sie etwas ab. Die Flügel werden mit den abgeknickten Streifchen von hinten an die Dose geklebt.

Figuren für Wand und Fenster

Weihnachtsring – Mobile

Material:
Metallring, Durchmesser 23 cm
Perlgarn gelb, grün und rot
Tonkarton gelb, grün und rot
Tonpapier schwarz und weiß

Alle Einzelteile ausschneiden. Die Aufhängefäden mit einer Nadel durch die Figuren ziehen und anschlingen. Die Fäden in die richtige Länge bringen. Unter dem Ring den Faden verknoten, darüber ebenfalls. Auch hier den Knoten mit UHU verstärken, damit die Einzelteile fest am Ring fixiert sind.

Krippenfiguren

modern und einfach zum Hängen und Stellen

Mit den nun folgenden Figuren können Sie eine kleine, moderne Krippe zusammenstellen. Jedes Objekt kann man aber auch einzeln hängen oder stellen. Sie können auch ein großes Weihnachtsmobile daraus basteln. Eine andere Möglichkeit wäre, die Figuren in einen großen Strohring als Weihnachtskranz zu hängen.
Alle Figuren können Sie flach zusammenlegen und platzsparend in einem kleinen Karton aufbewahren.

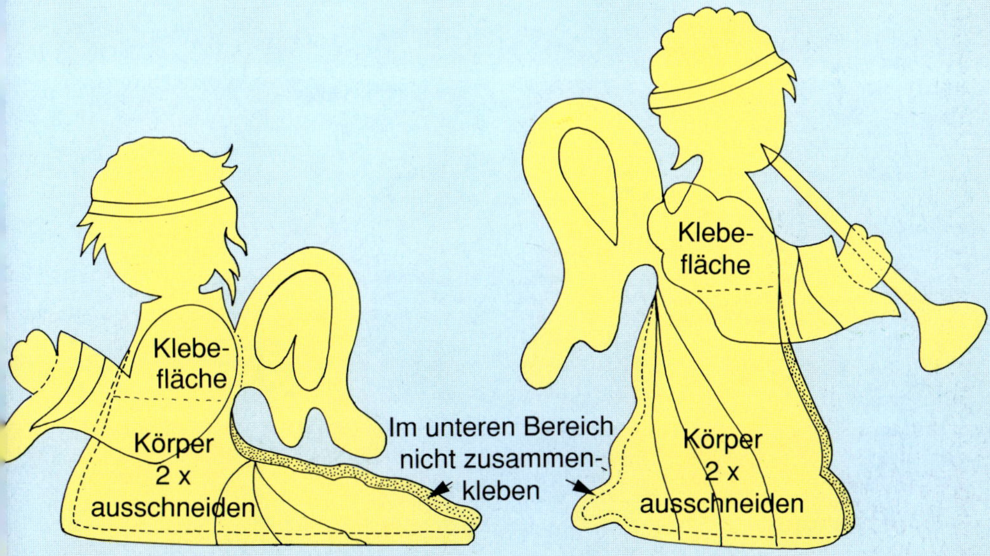

Herstellung und Material

Die Figuren werden aus Tonpapier doppelt gearbeitet und dann soweit zusammengeklebt, daß man sie im unteren Bereich wieder auseinanderbiegen und hinstellen kann. Auf der Innenseite die Figuren mit einem Streifen Tonpapier stabilisieren, der Kopf wird dabei ausgespart.

Die Arme und die Flügel werden nicht zusammengeklebt. Nun die verschiedenfarbigen Ärmel und die Verzierungen anbringen.
Wenn der Klebstoff getrocknet ist, lassen sich die Figuren auseinanderbiegen und hinstellen. Sie müssen an der unteren Kante gerade abgeschnitten sein!

Stall mit Ochs und Esel

Stall, Material:
Tonkarton graugrün
Tonpapier weiß und gelb

Kleben Sie die beiden Stallhälften nur im Dachbereich zusammen und biegen Sie sie dann auf!

Ochs, Material:
Tonkarton hellbraun für den Körper
Tonpapier mittel- und dunkelbraun für den Kopf
Zeichenkarton weiß

Der Körper wird in der oberen Hälfte zusammengeklebt, dann wird vorn und hinten der Kopf befestigt.

Esel, Material:
Tonkarton grau
Tonpapier braun

Kleben Sie die Körperteile nur bis zur Mitte zusammen. Den Kopf beidseitig befestigen.

Maria, Josef und Krippe

Material:
Tonpapier
Drei Blautöne für Maria
Drei Brauntöne für Josef
Beige und dunkelgelb für die Krippe
Tonkarton braun und beige
Goldfolie

Der Stab des Josef besteht aus Tonkarton. Bei der Krippe wird das Heu von vorne und von hinten angeklebt.

Knieender und stehender Engel

Material:
Tonpapier, jeweils zwei Gelb- und Gelb-Braun-Töne
Goldfolie

Die Goldfolie für die Instrumente wird auf Tonpapier geklebt. Sie werden anschließend so zwischen den Händen plaziert, daß das Mundstück bis zum Kopf reicht.

Schäfer mit Schafen

Material:
Tonpapier, drei Grüntöne für den Schäfer
Tonkarton braun für den Stock
Tonkarton schwarz und weiß für Schafe

Der Umhang des Schäfers wird nur mit einem Klebepunkt am Hals befestigt, nachdem beide Körperhälften bis zur Mitte zusammengeklebt worden sind. Der Umhang sollte 2 mm länger sein als die Figur. So kann man ihn nach hinten wegstellen und die Standfestigkeit des Schäfers erhöhen. Der Stock wird mit einem Tupfer Klebstoff an der Hand befestigt.

Die Schafe sind doppelt aus Karton geschnitten. Sie werden bis zur Körpermitte zusammengeklebt.

Die Heiligen Drei Könige

Material:
Tonpapier zwei Rot-, zwei Grüntöne, schwarz und lila
Goldfolie

Schwebender Krippen-Engel

Material:
Tonpapier, drei Gelbtöne
Goldfolie
Perlgarn zum Aufhängen

Auswahl aus über 500 TOPP-Titeln

Mit Papier gestalten

1089 Wurst, Papier falten und kleben
788 Sakata, Origami
1199 Tiggelaar, Origami
1263 Chatani, Japanische Papierkunst
1124 Holl, Fensterbilder aus Tonkarton
1213 Täubner, Kinderleichte Fensterbilder
1259 –, Fensterbilder nach Kinderliedern
1356 Werner, Fensterbilder f. ganze Jahr
1233 Mein schönstes Fensterbild
1313 Meine schönste Glückwunschkarte
1327 Täubner, Kartengrüße für Menschen, die man mag
1320 –, Kindergeburtstag (Karten)
1276 Möller, Märchenfiguren a. Tonkarton
1328 Täubner, Tiere aus Tonkarton
1354 Holl, Feiern Sie schön! (Krepp)

Mit Farbe gestalten

601 Gaißer, Papierbatik
767 Gaißer, Marmorieren
1367 Lewis, Techniken der Ölmalerei
1061 Braren, Aquarellmalerei Einführung
1162 –, Aquarellmalerei Blumen
1223 –, Aquarellmalerei Wasser
1220 Erd, Blumenmalerei auf Leinen
900 Stähle, Kalligraphie

Plastisch gestalten

1094 Zechlin, Modellieren mit Kindern
868 Hettinger, Salzteig, neue Ideen
1002 Buresch, Salzteig Schritt für Schritt
1133 Salzteig – Schönste Modelle
858 Kaupisch, Freizeittöpfern
1187 Kleinschnittger, Kreative Keramik
1262 Hartter, Keramisches Formen
1125 Müller, Ton mit Pflanzen gestalten
1336 Müller, Neue Töpfertechniken
1143 Limpke, Freie Tonplastiken
1266 Koers, Türschilder getöpfert
1287 Limpke, Gartenfiguren aus Ton
1145 Hartter, Speckstein

Mit Blumen gestalten

880 Matsunaga, Ikebana nach Moribana
1008 Frank, Gepreßte Naturschönheiten
1304 Meyer, Landschaften aus Blüten
1136 Holl, Naturnahe Trockensträuße
1095 Walz, Kränze als Heimschmuck
1212 Holl, Tür- und Wandkränze
1066 Schwarz, Biedermeiergebinde
1180 Glende, Zimmerschmuck mit Vögeln
1252 Kumpfmüller, Raumschmuck / Beeren
1253 Holl, Beeren und Früchte
1291 Holl, Floristische Fensterhänger

Mit Naturmaterial gestalten

1179 Zöller, Zapfen und Samen
713 Fleischer, Peddigrohr, prakt./dekorat.
1218 Maki, Mit Peddigrohr werken
953 Walz, Heimschmuck aus Stroh
545 Kühnemann, Steine geklebt + bemalt
817 Roll, Bemalte und bedruckte Steine
1351 Landry, Kieselsteine bemalt

Mit Holz gestalten

1096 Weiss, Basteln mit Sperrholz
1068 Wieser/Weller, Holzschnitzen
528 Jeep, Kerbschnitzen
585 Wilhelm, Drechseln für jedermann
642 Lumm, Brandmalkunst
931 Grauwiller, Brandmalerei-Dekore
927 Glende, Orig. aus Wäscheklammern
718 Lumm, Volkskunst Bauernalerei
530 Kühnemann, Bauernmalerei, Einf.
829 Gratzl, Spanschachteln, Mappe 13
841 Stegmaier, Truhen..., Mappe 14
1059 Erd, Naturnahe Blumenmalerei, M 20

Pflanzen- und Gartenhobby

1144 Vocke, Hydrokultur
1176 Schurr, Fuchsien – Anzucht, Pflege
1011 –, Hochstämmchen selbstgezogen
1085 Heuzeroth, Bauerngarten
1013 –, Natürlicher Kräutergarten
1022 v. Hennet, Naturteich im Garten
1258 Saucède, Der kleine Botaniker
1160 Niesseler, Zimmer-Springbrunnen
1287 Limpke, Gartenfiguren aus Ton

Glasmalen und Porzellan

875 Stegmaier, Hinterglasmalerei, M 5
702 Brunner, Glasritzen
765 Kühnemann, Glasritzen, 182 Motive
777 Kühnemann, Glasätzen
804 Pratsch, Glasbilder nach Tiffany
855 –, Lampen in Tiffany-Technik
976 Remmert, Gewächshäuschen (Tiff.)
944 Pratsch, Tiffany-Mappe 5 (Spiegel)
1329 Oelmaier, Tiffany Leuchtideen
1197 Dietenmaier, Tiffany-Glasdosen
1177 Flügel, Porz.malerei Grundwissen
803 Lumm, Porzellan-Malschule
1139 Hillebrecht, P'malerei Diffusionstech.
1188 Meichtry, Porzellanmalen Lüstertech.

Textiles Werken

692 Riedl, Bildweben mit Kindern
832 Frankl, 124 Strickmuster
611 Zechlin, Wollreste
958 Sorger, Stickerei als Volkskunst
948 Frankl, Spitzen für Taschentücher
1072 Harms, Bordenstickerei
744 Bellon, Klöppeln – kleiner Lehrgang
1219 Löhr, Klöppeln Handbuch
898 Bellon, Klöppeln, Mappe 5
791 Graff-Höfgen, Occhi – Einführung
674 Walz, Makramee-Blumenampeln
1339 Haid, Mit Jute kreativ
1361 Jannek, Liebenswertes häkeln

Stoffe färben / Seidenmalerei

633 Wildschütte, Batiken – Lehrgang
1316 Schwarz, Batik heute
849 Kühnemann, S'malen Grundtechnik
1306 –, S'malerei, Werkbuch f. Fortgeschr.
1024 Sakai, Seidenmalerei, Mappe 7
1063 Fausel, Krawatten aus Seide, bemalt
1062 –, Seidenmalerei f. Tücher u. Kleidung
1290 Mierlut, Seidenmalerei –Träume
1353 Nischwitz, Seidenmode
1146 Kühnemann, Seidenmalerei – Kissen
1193 –, S'malen Schmuck, Karten, Miniatur.
1222 –, Seidenmalerei Landschaften
1255 Bieber, Aquarellieren auf Seide
1288 Gahlert, Seide traumhaft bemalt
949 Gaißer, Marmorieren auf Seide
1257 Troschke, Stoff-Marmorierkunst
1272 Wullschleger, Schirme bemalen

Puppen + Spieltiere

1027 Reinckens, Puppen zum Liebhaben
1394 Dvoràk, Puppen
1116 Ganter, Puppenbabys
1067 Franck, Schweizer Stoffpuppen
987 –, Puppengarderobe 2
1108 Buresch, Werkbuch für Künstler-Puppen-Macher
939 Seyd, Porzellanpuppen
968 –, Stilvolle Puppenkleidung 1
1053 –, Puppenkldg. für Charakterpuppen
1236 –, Puppendoktor
967 Bardehle, Hexen
1164 Koetzle, Zauberhafte Marionetten

Modische Accessoires

1317 Hettinger, Glasmal-Schmuck
1392 –, Schmuck-Variationen
1261 Ohmann, Schmuck Schritt für Schritt
1269 –, Schmuck-Trends 1
1343 –, Glasschmuck mit Perlglanz
1292 Waldhaus, Gürtelschließen

Weihnachten / Ostern

1026 Wurst, Adventskalender, Neue Ideen
1156 Zechlin, Weihn. Basteln mit Kindern
1286 Walz, Adventlicher Raumschmuck
1297 Niesseler, Kerzen im Advent
843 Walz, Weihnachtliches aus Stroh
1158 Werner, Weihnachtliche Fensterbilder
1239 Möller, Fensterbilder im Advent
1279 Täubner, Weihnachtsmot. f. Fenster
1283 –, Neue Fensterbilder für Winter
1375 –, Fensterbilder, wenn es schmeit
1289 –, Weihnachtskarten
1285 Haid, Weihnachtsbaum anders
1381 Holl, Adventsfloristik
1157 Täubner, Schöne Krippen
1294 Möller, Krippenszenen Tonpapier
1382 –, Winter, Weihnacht, Neujahr
1247 Wetzel, Kinder basteln für Ostern
1334 Zechlin, Osterbasteln f. groß + klein
1000 Walz, Familienbasteln zu Ostern
1248 Holl, Freude am Frühling
1249 Möller, Osterbasteleien / Tonkarton
1335 Täubner, Frühlingsfrohe F'bilder
1246 –, Anhänger als Ostergruß
1321 –, Kartengrüße Frühling + Ostern

Verschiedenes

540 Kühnemann, Kindergeburtstag
1237 Eder, Spielend lernen (Kleinkind)
1323 Weiss, Wasser – Sand – Wind
1141 Fischer, Edelsteinbäumchen
699 Homeister, Genähte Fadenbilder
797 Zechlin, Kl. Geschenke + Mitbringsel
1152 Kurz, Geldgeschenke – originell
937 Laue, Hübsch verpacken
1132 –, Hübsch verp. f. Fortgeschrittene
1256 Bind, Tier. Verpackungen
1404 Holl, Schleifenparade